AF595209

TREIZE A TABLE,

OU

UN PIQUE-NIQUE,

COLLATION ASSAISONNÉE DE COUPLETS, EN UN ACTE,

PAR MM. P^re TOURNEMINE ET GÉRAU.

REPRÉSENTÉE POUR LA PREMIÈRE FOIS, A PARIS, SUR LE THÉATRE DE LA PORTE-SAINT-ANTOINE, LE 16 FÉVRIER 1837.

[illegible] pas les affai[illegible] SCÈNE V.

PARIS,

NOBIS, ÉDITEUR, RUE DU CAIRE, N° 5.

—

1837.

Personnages.		Acteurs.
JACQUILLARD, rentier célibataire.	MM.	FERDINAND.
CABUCHET, maître maçon.		HENRI.
DURAND, épicier.		PELVILAIN
ADOLPHE, chapelier.		BRAUX.
Mme HONORÉ, voisines	Mmes	LUDOVIC.
Mlle SIMONET, voisines		BARVILLE.
OLYMPE, servante de Jacquillard.		BLIGNY.
UN CAPORAL DE LA GARDE NATIONALE.		
UN PORTIER.		
GARDES NATIONAUX, AMIS ET CONNAISSANCES DE JACQUILLARD, personnages muets.		

La scène se passe à Dijon, chez Jacquillard.

J.-R. MEVREL, Passage du Caire, 54.

TREIZE A TABLE,

COLLATION ASSAISONNÉE DE COUPLETS.

Le théâtre représente la salle à manger de Jacquillard. A droite du spectateur, l'entrée de la cuisine, et une fenêtre donnant sur la rue; à gauche, une très grande table rangée près du mur. Au fond, une porte donnant dans une pièce d'entrée. Un guéridon, des chaises.

SCÈNE I.

JACQUILLARD, OLYMPE.

JACQUILLARD, arrangeant la table.

Là, je crois qu'elle est solide comme ça... d'ailleurs, nous ne voulons pas danser dessus.

OLYMPE.

Pourvu, tant seulement, que personne ne roule dessous.

JACQUILLARD.

Sois donc tranquille. Je serai là pour organiser la gaîté, pour tempérer la soif, et pour faire les parts... Va-t-on s'amuser!.. Il y a pourtant au moins trois mois que je rêve à cette fête... Dis donc, Olympe, vois-tu l'effet que ça va faire, lorsqu'on saura que c'est chez moi que ce magnifique repas a eu lieu; chez moi, Narcisse Jacquillard, fils du célèbre marchand de moutarde, et le plus riche célibataire de toute notre ville de Dijon! C'est une bien belle invention que les pique-niques!.. Une supposition, vous voulez vous régaler, faire un repas là... splendide, un repas d'une centaine de francs, par exemple? eh bien! rien n'est plus facile : vous vous réunissez une vingtaine d'amis, et avec chacun cent sous vous en voyez la farce.

OLYMPE.

La farce! la farce! si ça se faisait chez un traiteur, c'est possible; mais chez soi, se donner ces TRIOS-là,..Voyez-vous, monsieur, moi, à vot' place...

JACQUILLARD.

Mon Dieu! Olympe, que tu es bête! tu n'as pas plus de jugement... qu'une mouche. Comment, tu ne comprends pas que ce sont au contraire ces petits embarras-là qui amusent? Et puis, crois-tu que pour le prix modeste de six francs par tête, à douze personnes, un traiteur leur donnerait, comme moi, un dîner à quatre services, avec le vin à discrétion?

OLYMPE.

Ça, c'est vrai que s'ils se plaignent, ça ne sera parce qu'on les écorche; et cependant, vous qu'êtes un peu serré, vous avez ben eu vot' plan, tout d' même.

JACQUILLARD.

Comment? quel plan?

OLYMPE.

Pardine! vous vous êtes dit : en faisant ça chez moi, j'aurai peut-être ben au moins mon écot grâtis, et comme il y aura des restes... (Riant.) Oh! c'est que je vous connais... et je vous devine!

JACQUILLARD.

Mon Dieu! Olympe que tu es bête!.. Tu as des idées si petites! si étroites!.. Certainement, je ne serais pas fâché que cela ne me coûtât rien; je verrais même sans colère que le buffet pût rester garni pour quelques jours; mais si j'ai accepté la mission délicate que m'imposait le vœu général, c'est par dévoûment seul, entends-tu; car, au fait, qui mieux que moi, s'entendait à tout cela, et aurait pu s'en occuper, est-ce Durand?

OLYMPE.

Un épicier-droguiste, fameuse cuisine! fi donc!..

JACQUILLARD.

Ce n'était pas Adolphe, non plus?

OLYMPE.

Le chapelier? il aurait joliment retapé ça!..

JACQUILLARD.

Cabuchet avait bien réuni quelques suffrages, mais il est si petitement logé; et puis c'est un si drôle de corps!..

OLYMPE.

Ah! oui, le maître maçon, celui qu'est si gai, si jovial!

JACQUILLARD.

Tu peux bien dire si malin, si goguenard ; un farceur qui est toujours à répéter : S'EMBROUILLONS PAS LES AFFAIRES, et qui n'est pas deux heures quelque part, sans qu'on se dispute, et qu'on ne s'y reconnaisse plus... Ah! ça, ta cuisine est en train?.. donne-moi ma liste, que je voie un peu comment je placerai mon monde... là-bas, sur la petite table... (Olympe cherche.) Tu l'as sous le nez... mon Dieu! Olympe, que tu es bête! Ah! ça, tu as donc des yeux de colimaçon? là, maladroite!.. tu viens de renverser la salière... je ne m'étonnerais pas maintenant qu'il nous arrivât quelque malheur!.. (Parcourant la liste qu'elle lui donne.) Adolphe, un ; Durand, deux ; Picherand, trois ; Mme Picherand, quatre ; M. Cabuchet, cinq ; Mme Cabuchet, six ; Mlle Virginie Cabuchet, sept...

OLYMPE.

Tiens! il y aura donc aussi des dames, à votre picheuique? Vous aviez dit, que vous seriez tous hommes du même sexe.

JACQUILLARD.

Oui, d'abord, mais j'ai tant fait, qu'on a changé d'avis : Durand et Adolphe s'étant brouillés pour Mlle Virginie Cabuchet, j'ai voulu qu'ils se raccommodent à table, en présence de la jeune personne ; et tu sens que pour l'avoir, il fallait bien en admettre d'autres!.. (Continuant l'examen de sa liste.) Nous disions sept... le commis du Gagne-Petit, huit : les deux clercs de chez M. Grémery, dix : Germeuil et son cousin, douze ; et moi, treize?.. Treize à table!.. oh! non pas, non pas, par exemple! c'est un nombre de malheur... il y en a toujours un qui meurt le premier...

OLYMPE.

Ça, c'est vrai que c'est un proverbe, mais, il y a un moyen bien simple de détruire le sortilége, invitez un homme de plus.

JACQUILLARD.

Un homme?.. non pas, j'aime mieux une dame, ça consomme moins ; tiens, Mlle Simonet que j'avais justement oubliée, et à qui je voulais emprunter le supplément d'argenterie qu'il me faut.

OLYMPE.

Comme vous avez emprunté la porcelaine de mame Honoré, et le linge à mame Picherand, n'est-ce pas?

JACQUILLARD.

Parbleu, entre voisins... et un jour d'extra!.. Voyons, tu vas aller prier Mlle Simonet de venir dîner avec nous, tu comprends bien? ne fais pas de bêtises, et n'oublie pas de lui demander son argenterie... tu n'as pas besoin de lui dire que c'est un pique-nique, non plus que de parler du nombre treize (Rappelant Olympe qui va sortir.) Ah!.. Olympe?..

OLYMPE, revenant.

Monsieur?..

JACQUILLARD.

Passe aussi au bureau des voitures, et informe-toi s'il y a un panier à mon adresse.

OLYMPE.

Ah, oui, le pâté que doit nous envoyer vot' ami d'Amiens, n'est-ce pas? (Fausse sortie.) Dites donc, not' maître, veillez un brin à la cuisine?..

AIR : Ton émeute légère, de la Vogue.

ENSEMBLE.

JACQUILLARD.

Tu dois revenir vite,
Tu cours comme un chevreuil ;
Pour moi, sur la marmite,
Je réponds d'avoir l'œil.

OLYMPE.

V'là qu'est dit, j'm'en vas vite ;
Je cours comme un chevreuil ;
Vous, dessus la marmite,
Tâchez ben d'avoir l'œil.

(Olympe sort en heurtant [illegible])

SCÈNE II.

CABUCHET, JACQUILLARD.

CABUCHET, gaîment,

Diable de petite folle!.. elle est forte comme un Turc, elle a failli me renverser; dites donc, Jacquillard, voyez-vous, si j'avais fait une chûte de l'Olympe?.. (Riant.) Oh! oh! qu'il est mauvais celui-là! on voit bien que je suis maître maçon, et que je les fais à la toise; mais, bah! on s'amuse, c'est pour rire; et pour rire, il n'y a rien comme les farces, et les bêtises!..

JACQUILLARD.

Tudieu! père Cabuchet, comme vous voilà luron!..

CABUCHET.

Moi, je suis toujours comme ça.

AIR : Oui, j'aime les amours qui toujours.

A quoi bon réfléchir,
Ou gémir,
Savoir jouir,
A loisir,
Du plaisir;
Jamais ne s'attrister de rien,
C'est le moyen
De vivre toujours bien.

Ce fou si vanté,
Tant cité,
Qui rabâchait,
Pleurnichait,
Desséchait,
Valait-il ce gueux
Plus heureux,
Qui, franc surtout,
Chantait par goût;
Partout? .
A quoi bon réfléchir, etc.

Nargue de la mort,
Et du sort;
Rions des ans,
Des méchans,
Et du temps.
Le seul médecin,
Du chagrin,
Fut-il sans fin,
Est enfin,
Ce refrain:
A quoi bon réfléchir, etc.

Ah! ça, voyons, n'embrouillons pas les affaires... Où en sommes-nous?..

JACQUILLARD, avec impatience.

Nous en sommes... que vous venez trop tôt.

CABUCHET.

Il vaut mieux trop tôt que trop tard, pour un dîner... Journée de ribote, journée perdue! or, je me suis dit, en me levant: Habillons-nous tout de suite; et comme j'ai pensé que vous pourriez avoir besoin d'un coup de main, j'ai donné un coup de pied, jusqu'ici, ce qui fait que...

Me voilà! me voilà!
Parlez, que faut-il faire?..

JACQUILLARD.

Diable de farceur, va!.. Ecoutez, faites attention, si vous voulez m'aider, il faut endosser le costume, comme moi, d'abord...

CABUCHET.

Bravo! bravo!.. ça sera drôle!..

L'habit ne fait pas le moine,
Mais il le pare fort bien.

Vite, vite, à la besogne, et n'embrouillons pas les affaires... (Prenant un tablier et un bonnet de coton que lui donne Jacquillard.) Le casque à mèche, et la cuirasse du gâte-sauce...

Cent esclaves ornaient ce superbe festin,
Et dans des vases d'or.....

Qu'est-ce que vous faites là?..

JACQUILLARD, qui s'est mis à travailler des glaces dans une sabotière.

Une surprise... je ne le dis qu'à vous, ce sont des glaces...

CABUCHET.

Des glaces! c'est bien galant... (A part.) Je préviendrai ma femme et Virginie, qu'elles se réservent pour la surprise. (Haut.) Ah! ça, n'embrouillons pas les affaires... Qu'est-ce qui presse?.. voulez-vous que je mette le couvert?..

Travaillons, travaillons,
Faisons bien notre ouvrage...

JACQUILLARD, sans quitter sa besogne.

Dites donc, la table sera-t-elle assez grande?

CABUCHET.

Dam! c'est selon combien nous sommes?..

JACQUILLARD.

Quatorze.

CABUCHET.

Je vais vous toiser cela... C'est une table de dix-huit couverts, on aura ses coudées franches...

JACQUILLARD.

Tant mieux, ça fait qu'on ne sera pas gêné.

CABUCHET, mettant le couvert.

Diable! vous avez là du beau linge... et de la porcelaine, premier choix... vous êtes un garçon calé!.. A propos, dites-moi donc, quand parlons-nous définitivement de notre grande affaire?..

JACQUILLARD.

Quelle grande affaire?..

CABUCHET.

Vous savez bien, au sujet de ma fille!

JACQUILLARD.

Ah! bien, bien, par rapport... relativement à l'amour de Durand et d'Adolphe, n'est-ce pas?.. Eh bien! mais c'est à vous de choisir, car sans doute, votre Virginie, n'a pas la prétention de les épouser tous les deux?

CABUCHET.

Dissimulé que vous êtes! vous seriez bien fâché, si je me décidais pour l'un ou pour l'autre... Mais. malgré votre indifférence affectée j'y vois clair...

JACQUILLARD.

Ah! vous voyez clair! eh bien! qu'est-ce que vous voyez?..

CABUCHET.

Ce que je vois? que depuis long-temps, vous avez distingué ma fille, que vous en êtes épris, et que...

N'en demandez pas davantage.

JACQUILLARD.

Moi!.. je suis épris de votre fille, ah! bien, en voilà une fameuse, par exemple!..

AIR vaudeville de Taconnet.

Elle a d' l'esprit, elle est vive, charmante,
Et franchement, j'en conviendrai, parbleu!
Ses yeux sont doux, sa taille est séduisante,
Mais entre nous, jamais le moindre aveu...

CABUCHET.

Taisez-vous donc, vous cachiez votre jeu.

JACQUILLARD, s'échauffant.

Quoi! vous pensez!..

CABUCHET.

Voyez le grand prodige

JACQUILLARD.

Alors, qu'Adolphe et Durand tour à tour,
Depuis six mois, lui font tous deux la cour.

CABUCHET.

Raison de plus, vous l'adorez, vous dis-je,
La jalousie est l' cachet d' l'amour. (bis.)

JACQUILLARD, avec humeur.

Mais vous divaguez, vous battez la campagne, de la manière la plus incohérente!..

CABUCHET.

Pourquoi vous en défendre?.. puisque j'approuve votre recherche, puisque je consens à tout, quel joli couple vous ferez... à vous deux!
Il faut des époux assortis.....

JACQUILLARD.

A-t-on vu un entêté pareil! vouloir me persuader...

SCÈNE III.

Les Mêmes, OLYMPE.

OLYMPE, entrant; elle porte un panier

Air : J'arrivons de not' village,

J'arrivons d' la diligence,
J' n'ons pas été longue, j' pense,
Mais vous me l'aviez dit,
Et Dieu merci,
J' crois qu' j'ons fait diligence,
Qu'est-c' qui m' prend ça?
Me v'là, me v'là, me v'là!

Hein, j'espère qu'en v'là un pâté-monstre!.. il sent joliment bon, allez... mais, il est d'un lourd!..

JACQUILLARD, vivement.

Et Mlle Simonet...

OLYMPE.

Elle a dit qu'elle viendrait, et qu'elle vous apporterait en même temps, vous savez...

JACQUILLARD.

Très bien, très bien... va vite à ta cuisine, car j'ai été tellement dérangé...

OLYMPE.

Ah! bon, v'là qui va m'avancer, alors!.. Et mes pieds, et mes oreilles... j' suis sûre que tout ça brûle... (Elle sort en courant.)

CABUCHET, à Jacquillard.

Vous avez invité Mlle Simonet? après tous les propos qui circulent sur son compte?.. ah! ah! fi! fi! fi!

JACQUILLARD, étonné.

Fi! fi! fi!.. Qu'est-ce qu'elle a fait?..

CABUCHET.

Vous ne connaissez pas sa dernière aventure? ah! ça, mais d'où sortez-vous donc?..

Air : Ah! si madame l'entendait.

C'est un si triste événement.
Une histoire si scandaleuse,
Une affaire si malheureuse,
Que rien qu' d'y penser seulement,
Ça me rend tout je n' sais comment;
Depuis les pieds, jusqu'à la nuque.
Vous frémiriez tant c'est affreux!
Enfin, moi qui porte perruque,
Ça m'a fait dresser les cheveux.

JACQUILLARD.

Pas possible!..

CABUCHET, en confidence.

Apprenez qu'elle avait deux intrigues à la fois; qu'il y a eu duel... et mort...

JACQUILLARD.

L'un des amoureux a tué l'autre?

CABUCHET.

Mieux que cela.

JACQUILLARD.

Ils se sont peut-être tués tous les deux ?

CABUCHET.

Mieux que cela encore... il y a eu quatre victimes... les enragés se battaient au pistolet ; et ils se sont visés si juste, que les deux témoins qui se trouvaient malheureusement derrière, sont tombés du même coup, percés de part en part...

JACQUILLARD.

Farceur ! taisez-vous donc !

CABUCHET.

Ah ! mais, c'est que c'est positif... et vous devez concevoir quelle répugnance, ma femme et ma fille... Je les connais, elles sont capables de ne pas vouloir venir... Ma femme ça me serait encore égal, mais ma Virginie, c'est autre chose, parce que, voyez-vous, Jacquillard...

Une fille est un oiseau...

JACQUILLARD.

Eh bien ! voyons, on la mettra à un bout de table, et votre fille à l'autre : elles seront à toute extrémité, serez-vous content ?..

SCÈNE IV.

LES MÊMES, DURAND.

DURAND, entrant avec gaîté.

AIR : Pan, pan, ouvrez la porte.

Bon ! bon ! l'instant approche,
Bon ! bon ! tout est-il fait ?
Bon ! bon ! sonnez la cloche,
Bon ! bon ! moi je suis prêt.

Sans savoir où l'on dîne,
Sans d'mander au portier :
J'ai senti la cuisine,
Du bas de l'escalier.
Bon ! bon ! etc.

Et, je vois que mon nez m'a bien conduit !.. Bonjour, Jacquillard. Tiens, voilà aussi M. Cabuchet... eh bien ! ça va-t-il, les chevaliers de la marmite ?

CABUCHET.

Ah ! vous venez nous narguer, vous, maître Durand ? Jacquillard, un uniforme à ce compère-là, et qu'il nous donne un coup de main...

DURAND.

Bien volontiers ; oh ! moi, on peut me mettre à toutes sauces.

JACQUILLARD, lui donnant un bonnet et un tablier dont il s'affuble.

Lui, il est de tous les écots, de toutes les parties, de toutes les opinions.

CABUCHET.

C'est donc une girouette ?

DURAND.

Ah ! un moment ; tout ça, c'est selon, voyez-vous...

AIR : Gaîment je m'accommode tout, du Bouffe et le Tailleur.

Parle-t-on politique,
Je fuis,
Fait-on un gai pique-nique :
J'en suis.
Pour jouer ou médire,
Je fuis.
Pour chanter, boire et rire,
J'en suis.

Quand j' vois vieille coquette,
Je fuis.
Mais pour jeune fillette,
J'en suis
Des cercles où l'on bâille,
Je fuis.
(Leur frappant sur l'épaule.) Pour hanter la canaille :
J'en suis.

Ah ! ah ! voilà votre clou rivé, mes farceurs !..

JACQUILLARD et CABUCHET, riant.

C'est vrai! pas trop mal, pour un épicier...

DURAND.

Ah! ça, combien sommes-nous en tout?..

JACQUILLARD.

En tout, quatorze.

DURAND.

Quatorze; alors, ça fera seize.

JACQUILLARD.

Non, quatorze.

DURAND.

Et non, je vous dis, que c'est seize, puisque j'amène deux personnes... (Bas à Jacquillard.) Ma sœur, et son mari, qui viennent exprès, afin de lui demander pour moi, la main de Virginie...

CABUCHET, mettant le couvert.

Deux couvives de plus? Bravo! bravo!..

Plus on est de fous, plus on est de fous, plus on rit.

JACQUILLARD.

Oui, et puis si le dîner est trop court, on criera!.. (A part.) Ce n'est pas l'embarras, nous avons le pâté... (Entendant sonner.) Allons, bon! voilà encore d'autres flâneurs! que le diable les emporte de venir sitôt...

SCÈNE V.

LES MÊMES, Mme HONORÉ.

TOUS.

Tiens! c'est Mme Honoré!

JACQUILLARD.

Et qu'est-ce qui vous amène, ma bonne voisine?

Mme HONORÉ.

AIR : Mariez-vous, jeunes tendrons.

J'entends dire dans la maison,
Qu'ici l'on tram' quéqu' chose;
Une veuv', c'est comme un garçon,
A ça près d' bien peu d' chose;
Or, moi, comm' je suis sans façon,
Qu'Jacquillard est un bon luron,
Et que j'lui prêt' quéqu' chose,
Me moquant de c' quon en dira,
J' suis descendu' plus vit' que ça;
Voilà, voilà,
Voilà, voilà, la chose.

Ah! ça, il n'y a pas d'indiscrétion à vous demander quel est le saint ou la sainte dont vous chômez la fête?

DURAND.

Oh! mon Dieu non, c'est tout bonnement un dîner d'amis; le simple plaisir de faire un bon repas, et de se trouver ensemble.

Mme HONORÉ, à Jacquillard.

Eh bien! mais c'est charmant! et vous ne m'invitez pas, moi qui vous prête ma porcelaine?

JACQUILLARD, à part.

Que le bon Dieu la bénisse, par exemple!.. (Haut.) C'est que... voyez-vous, voisine, d'abord, nous ne devions être que tous hommes, et puis après, il était si tard pour vous prévenir...

Mme HONORÉ.

Bah! bah! je ne suis pas suscestible.

CABUCHET.

Ensuite, vous ne savez pas que c'est un pique-nique?

Mme HONORÉ.

Pique-nique! pique-nique! c'est chacun son écot, n'est-ce pas? eh bien! moi, je prête ma porcelaine... et qu'est-ce que vous êtes de monde?..

JACQUILLARD.

Dam! à présent, nous sommes dix-sept... (A part.) Heureusement que le pâté...

Mme HONORÉ.

Dix-sept?.. eh bien! mon service de porcelaine est justement de dix-huit couverts... Ah! dites donc, je pense à une chose, voulez-vous rire?..

CABUCHET.

Si nous voulons rire! je le crois bien!..

Il faut rire, rire, et toujours rire!..

Mme HONORÉ, continuant.

Vous savez bien... Mais non, je ne veux dire ça qu'au voisin Jacquillard; vous autres, vous aurez la surprise... (Bas à Jacquillard.) Vous connaissez le père Descourty? Eh bien! figurez-vous qu'il a deux grands chandeliers qu'on place au milieu de la table, et quand on est au dessert, tandis que tout le monde cause et ne songe à rien, sous prétexte de moucher la chandelle, on allume un petit feu d'artifice caché dans les girandolles... Vous verrez c'est tout-à-fait bobèche... et on rit! on rit!..

JACQUILLARD.

C'est ça, on rit, on rit, et on brûle la nappe, merci...

Mme HONORÉ.

Non, non, il n'y a aucun danger... seulement, vous concevez qu'on ne peut pas inviter les chandeliers tout seuls? Mais le père Descourty est un petit vieillard fort aimable, je me charge de le voir, et je réponds qu'il viendra.

JACQUILLARD.

Oui, mais il ne paiera pas, et c'est encore un convive de plus!..

Mme HONORÉ.

Qu'est-ce que ça fait; quand il y en a pour dix-sept, il y en a bien pour dix-huit.

JACQUILLARD.

Allons, va pour le père Descourty... On se rejetera sur le pâté!

CABUCHET.

Vous avez fini? ça n'est pas malheureux!..

JACQUILLARD, entendant sonner.

Allons, qu'est-ce encore? voyez un peu, si l'on a une minute à soi! (A part.) Diable de pique-nique! je n'éprouve que des contrariétés depuis ce matin!.. Qu'on dise donc encore que ça ne fait rien de renverser le sel et d'être treize à table!..

SCENE VI.

LES MÊMES, Mlle SIMONET.

Mlle SIMONET, parlant à la cantonade.

Fanchette, donnez ce panier à Olympe, et retournez vite à la maison... (Entrant.) Je ne dérange personne?

DURAND, galamment.

Vous arrangez tout le monde, mademoiselle...

Mlle SIMONET, d'un ton aigre.

Qu'est-ce que cela veut dire, monsieur? est-ce une épigramme?

JACQUILLARD.

Ah! Mlle Simonet, pouvez-vous le penser?

Mlle SIMONET.

Ma foi, mon cher Jacquillard, c'est qu'on est si méchant dans notre petite ville de Dijon!..

CABUCHET, s'occupant à part.

Les cancans, les cancans, les cancans,
Sont amusans.

Mlle SIMONET, désignant Cabuchet.

Eh! tenez, voilà justement le doyen des cancaniers, M. Cabuchet qui va partout, disant le plus de mal possible, de tous ceux qu'il connaît, et particulièrement sur moi, parce que j'ai refusé ses hommages.

CABUCHET, fredonnant.

Nos amours ont duré tout une semaine...

Mlle SIMONET, vivement.

M. Cabuchet, est-ce une épigramme?..

CABUCHET, ayant l'air occupé.

Plait-il, mademoiselle?.. je ne sais pas seulement ce que vous dites...

Vivandière du régiment, c'est Trala qu'on me nomme

Mlle SIMONET.

Oh! je me moque de vos propos... Comme jamais personne n'a pu dire...

CABUCHET

Connaissez-vous les hussards de la garde.

Mlle SIMONET, se piquant.

Oui, oui, chantez... vous voudriez bien que je ne fusse pas du pique-nique! mais comme toutes vos dames y viennent, que je prête l'argenterie. et que je suis invitée, j'y viendrai aussi, monsieur, quand ce ne serait que pour vous faire enrager.

CABUCHET.

Elle aime à rire, elle aime à boire...

Mlle SIMONET, de plus en plus colère.

Ah! vous voulez nuire à ma réputation?.. heureusement, elle est au-dessus de vous, moniseur, ma réputation...

Mme HONORÉ, sèchement.

Eh! mon Dieu, mademoiselle, ne criez pas si fort, on sait à quoi s'en tenir... (A part.) Attrape; je la déteste!..

Mlle SIMONET, vivement..

Est-ce une épigramme, madame?.. (A part.) J'ai cette femme en horreur!

JACQUILLARD.

Allons, voyons, ne va-t-on pas se chamailler. un jour de fête, et pour des riens encore?.. (Tirant sa montre.) Ah! mon Dieu, trois heures!.. et le dessert à arranger, le vin à monter de la cave; vous ne savez pas le mal que ça donne, vous autres!

CABUCHET.

Le dessert? la cave?.. eh bien! que ne le disiez-vous? est-ce que nous ne sommes pas là... Olympe nous donnera la clé, n'est-ce pas?.. (A Durand.) Allons, l'épicier...

En avant marchons contre leurs canons... (Ils sortent.)

Mme HONORÉ, à Mlle Simonet.

Mlle va, sans doute, mettre aujourd'hui, ses plus beaux atours?

Mlle SIMONET.

Oh! mon Dieu non, madame; car à l'exception d'un béret cerise que j'ai commandé...

Mme HONORÉ.

Un béret cerise? c'est coquet!

Mlle SIMONET.

Et vous; madame, comment vous coifferez-vous?

Mme HONORÉ, d'un air aigre-doux.

Avec un bonnet à rubans roses, mademoiselle.

Mlle SIMONET, de même.

Des rubans roses! c'est bien jeune. et bien galant. madame!

Mme HONORÉ, à part.

Comédienne! le cerise tue le rose.

JACQUILLARD, de même.

Elles ne s'en iront pas?

Mlle SIMONET, même jeu.

Je suis sûre qu'elle enrage... Je les éclipserai toutes.

Mme HONORÉ, de même.

Et je la laisserais briller aux dépens des autres!.. je ne viendrais plutôt pas... Courons prévenir ces dames.

Mme HONORÉ, Mlle SIMONET, ensemble à Jacquillard

AIR : A revoir, à revoir,

A tantôt, à tantôt,
Je vais à ma toilette,
Quand elle sera faite
Je reviens aussitôt.

Mlle SIMONET, à part.

C'est à mourir
De plaisir
Mon triomph' commence..

Mme HONORÉ, de même.

Quelle impertinence!..

JACQUILLARD, de même.

Le sang m'bout,
Je suis à bout.

Mme HONORÉ et Mlle SIMONET, ensemble

A tantôt, à tantôt, etc. *Elles sortent.*

SCÈNE VII.

JACQUILLARD, puis ADOLPHE.

JACQUILLARD, seul.

Elle sont parties! ça n'est pas malheureux, je pourrai enfin....

ADOLPHE, entrant, il parle à la cantonade.

Au revoir mesdames, votre très humble serviteur.

JACQUILLARD.

Adolphe, maintenant! lui, le roi des flâneurs.... Ah! pour le coup, c'est trop fort!...

ADOLPHE, gaiment.

Eh! qu'as-tu donc?.. tu fais une mine longue d'une aune... est-ce que nous avons des convives qui nous manquent de parole?

JACQUILLARD.

Ah! bien oui, nous sommes dix-huit à présent!

ADOLPHE.

Et tout ça paie? tant mieux!

JACQUILLARD, avec humeur.

Tant mieux! tant mieux!.. si ça paie... mais c'est que jusqu'à présent, je n'ai pas encore reçu un sou.

ADOLPHE.

Bon, bon, c'est là ce qui t'inquiète?

JACQUILLARD.

Non, mais je suis vexé; depuis ce matin je ne me suis pas assis; je suis moulu, et j'ai été tellement dérangé... tiens, je t'en prie, va-t-en, car je ne sais où donner de la tête... mais non, au fait, reste, endosse l'uniforme, et donne-moi un coup de main; car si je compte sur les autres...

ADOLPHE, mettant un bonnet et un tablier.

Avec plaisir, que veux-tu que je fasse?

JACQUILLARD.

Voici une plume, de l'encre, du papier, copie les noms inscrits sur cette liste, tu sais, pour mettre à chaque place?

ADOLPHE, parcourant la liste.

Que vois-je?

JACQUILLARD.

Qu'est-ce qui lui prend donc?

ADOLPHE, avec exclamation.

Durand est de la partie?.. c'est une horreur, une trahison... Durand, Durand!

SCÈNE VIII.

LES MÊMES, DURAND, CABUCHET.

Ils portent chacun des bouteilles sous les bras et dans les mains.

DURAND, accourant.

Qu'est-ce qui appelle? (Restant stupéfait à la vue de son rival.) Est-il possible! Adolphe serait des nôtres?.. un Grec dans les remparts de Troie! (Il se pose tragiquement.) Jacquillard, voilà un tour...

ADOLPHE.

Jacquillard, voilà un trait...

JACQUILLARD, cherchant à les appaiser.

Vous êtes dans l'erreur, je vous jure au contraire...

ADOLPHE, se montant de plus en plus.

Mais cela ne se passera pas ainsi!

DURAND, gesticulant.

Non, non, bien sûr; et je vous ferai voir...

CABUCHET, à Durand qu'il débarasse.

Prenez donc garde, vous allez casser les bouteilles... voyons, n'embrouillons pas les affaires... pourquoi vous disputez-vous deux amis?

JACQUILLARD.

C'est clair, pourquoi?..

ADOLPHE, et DURAND, ensemble à Cabuchet.

Pourquoi? pourquoi? n'a-t-il pas voulu être le mari de votre fille?

CABUCHET.

Eh bien! puisque vous ne le serez ni l'un ni l'autre, quelle jalousie pouvez-vous avoir? (Il chante.) « Je suis le maître de choisir. » Et comme voici Jacquillard qui l'aime aussi, et qui me la demande, je la lui donne.

DURAND et ADOLPHE, vivement.

Jacquillard!

JACQUILLARD.

Ne croyez donc pas ça, c'est une ruse.

DURAND et ADOLPHE.

Une ruse!

ADOLPHE, en colère.

Ah! c'est une ruse?.. Eh bien! alors, c'est l'épicier qui nuit à mon amour!

DURAND, de même.

C'est ce freluquet, qui est cause que l'on me berne!

ADOLPHE, même jeu.

Freluquet vous-même, entendez-vous, marchand de chandelles...

DURAND, exaspéré.

Marchand de chandelles!.. Oh! je n'avalerai pas celle-là, et vous me rendrez raison...

DURAND et ADOLPHE, ensemble.

AIR : Cessez de vous en défendre. (BOUFFON DU PRINCE.)

Ah! j'étouffe de colère,
A moi, vous aurez affaire.
M'appeler freluquet!
Mais j' rabattrai son caquet;
Allons, sortons tout de suite,
Sur le terrain au plus vite,
Nous verrons au briquet,
Si vous avez du toupet.

CABUCHET, les arrêtant.

Or ça, n'embrouillons pas l'affaire,
Tous deux, écoutez-moi d'abord :
C'est Jacquillard qu'on vous préfère.

JACQUILLARD, à part.

Il os' le répéter encor!
(A Durand et Adolphe.) Pour une cause aussi légère,
Aller s' battre, ce s'rait un tort...
Que chacun plutôt embrasse un frère,
Et tous ainsi, nous s'rons d'accord.

DURAND et ADOLPHE, ensemble

Non, j'étouffe de colère, etc. (Ils sortent.)

SCÈNE IX.

CABUCHET, JACQUILLARD.

JACQUILLARD.

Comment, vous qui êtes l'auteur de tout ça, vous les laissez partir!.. mais ils vont se couper la gorge!

CABUCHET.

Eh bien! il faut les laisser faire, si ça les amuse; craignez-vous que nous ne puissions dîner sans eux? (Il chante.) «Faute d'un moine, l'abbaye ne manque pas, ne manque pas...» d'ailleurs, soyez donc tranquille, ils se raviseront et ne se couperont rien du tout.

JACQUILLARD, se dépitant.

La jolie fête! comme ça commence bien!.. Ah! mon Dieu, maintenant, on nous les rapporterait au dessert, tous deux sur un brancard, que je vous jure bien que ça ne me surprendrait pas; nous devions être treize à table!

CABUCHET.

Taisez-vous donc, mon gendre.

JACQUILLARD, s'échauffant.

Votre gendre!.. moi le gendre d'un infâme homme comme vous... par exemple!

AIR : Ces postillons sont d'une maladresse.

J' suis pacifique et dur à la détente,
Mais dans les vein', j'ai du sang, voyez-vous;
Et lorsqu'un' fois la colère me tourmente,
Malheur à ceux qui tombent sous mes coups,
J' suis un hercule, un lion en courroux.
N'ayez pas l'air de rire et d' vous ébattre,
Ce que je dis, je vous le prouverais...
J'ai tant d' colèr' de voir qu'ils vont se battre,
Que... j' crois que j' vous battrais.

CABUCHET, reculant.

Voyons, voyons, n'embrouillons pas les affaires... vous m'avez fait refuser deux partis très sortables; vous épouserez Virginie.

JACQUILLARD, qui s'est remis à arranger ses glaces.

Je ne l'épouserai pas, je n'en veux pas...

CABUCHET, d'un ton résolu.

Jacquillard, prenez garde... une fois, deux fois, trois fois, épouserez-vous ma fille?

JACQUILLARD, le singeant.

Une fois non, deux fois non, et trois fois non.

CABUCHET.

Ah! non...

JACQUILLARD.

Eh! oui, non; et cent fois non... et filez doux, je vous le conseille.

(Il le menace.)

CABUCHET, s'animant.

Me mettre le poing sous le nez... à moi! ne me touchez pas...

JACQUILLARD, de même.

Ganache!

CABUCHET, éclatant.

Ci-devant jeune homme!

JACQUILLARD, furieux.

Ci-devant jeune homme!.. Cabuchet, le vase de la patience est plein... ça va déborder...

CABUCHET, de même.

Eh bien! ça m'est égal, du moins, j'aurai vengé mon affront; tiens, pan... pouf...

(Il s'est jetté sur Jacquillard; tous deux se battent, et s'enlèvent en même temps leurs perruques et leurs bonnets de coton.)

SCÈNE X.

LES MÊMES, OLYMPE.

OLYMPE, accourant.

Ah! mon Dieu!.. Eh ben! voulez-vous finir...

CABUCHET, se débattant.

Au secours!

JACQUILLARD, de même.

A moi!

OLYMPE, vivement.

Ah! le poste qu'est justement en face...(Elle court à la fenêtre.) A la garde! à l'assassin!

JACQUILLARD et CABUCHET, s'arrêtant tout à coup.

Qu'est-ce qui crie à l'assassin?

OLYMPE.

Dame! c'est moi, vous étiez là, à vous tuer, ni plus ni moins que des dogues au combat du taureau.

CABUCHET.

Tu ne vois pas que c'était pour rire?..

JACQUILLARD.

Faire une pareille esclandre! appeler la garde! nous faire moquer de nous par des voisins!..

OLYMPE.

Bah! bah! parbleu, je leur zy ferai un conte!

CABUCHET, rendant à Jacquillard son bonnet de coton qu'il a ramassé et lui redemandant sa perruque.

N'embrouillons pas les affaires...

SCÈNE XI.

LES MÊMES, UN CAPORAL DE GARDE NATIONALE, et QUATRE HOMMES.

LE CAPORAL, entrant et désignant Jacquillard, dont le tablier est taché par le jus des glaces.

Entrez, entrez, saisissez le coupable... voyez-vous ses vêtemens et ses mains encore rouges de sang... où est la victime?..

JACQUILLARD, feignant la plus grande tranquillité.

La victime!.. plaisantez-vous, voisin Pichard? il n'y a ici que moi, et l'ami Cabuchet qui préparons des glaces à la groseille framboisée.

CABUCHET, même jeu.

Mon Dieu! oui, nous préparions des glaces.

OLYMPE.

Pour le piche-nique qui doit avoir lieu ce soir.

JACQUILLARD, au caporal.

Goûtez plutôt!

LE CAPORAL, prenant la cuillerée que lui offre Jacquillard.

C'est parbleu vrai!.. mais cependant, je ne suis ni sourd, ni aveugle: c'est bien cette fille qui a crié à l'assassin!

OLYMPE, jouant la surprise.

Moi! par exemple!..ah! mais attendez donc, j'y suis.

AIR de Calpigi.

J' vois c' qui vous a trompé, peut-être,
C'est vrai que j' m'ai mise à la fenêtre,
Et comm' j'ai dit quéqu' chose en in,
Maint'nant ça n' me sembl' plus malin,
Ça ben pu vous tromper un brin.
C'est une idé' qui m'était v'nue,
D'appeler un marchand dans la rue;
Mais j' criais pas à l'assassin,
J'ai crié: marchand d' peaux d' lapin! (bis.)

LE CAPORAL.

Il faut bien que ça soit comme ça; alors excusez voisins; vous concevez, l'ordre public...

JACQUILLARD.

Il n'y a pas d'offense, caporal.

LE CAPORAL, à ses hommes.

Allons, vous autres, en route; adieu, messieurs, bon appétit.

CABUCHET, le reconduisant.

Vous aussi caporal. (Les gardes sortent. Cabuchet s'approchant alors de Jacquillard et d'un ton tragique.) N'embrouillons pas les affaires... vous concevez que la scène qui vient de se passer, ne peut pas en rester là, M. Jacquillard.

JACQUILLARD, se mettant sur la défensive.

Ah! vous voulez recommencer?..

CABUCHET.

Du tout; n'embrouillons pas les affaires; je veux dire... suffit... vous aurez de mes nouvelles.

JACQUILLARD.

Et allez au diable! (Cabuchet sort.)

SCENE XII.

JACQUILLARD, OLYMPE.

JACQUILLARD, dans la plus vive émotion.

Que d'événemens, et quelle horrible scène!.. ce Cabuchet est bien l'être le plus rusé, le plus intrigant!.. Toi, Olympe, ta conduite en cette affaire, mérite les plus grands éloges... tu nous as tirés d'un fort mauvais pas... Ah! ça, maintenant, où en sommes-nous?.. car, il ne faut pas perdre de vue...

OLYMPE.

Ah! mon Dieu! moi, je suis prête; les dîneux peuvent venir, si ils veulent...

JACQUILLARD.

Les dîneux! les dîneux! j'ai bien peur à présent qu'ils ne répondent pas tous à l'appel!.. (Il s'occupe.)

SCÈNE XIII.

LES MÊMES. LE PORTIER, paraissant au fond.

ANTOINE.

P'sit!..p'sit!..Eh! mamselle Olympe!..v'là quatre lettres pour vot' maître. (Il les lui remet et sort.)

JACQUILLARD, les prenant des mains d'Olympe.

Quatre lettres! je suis sûr qu'il y a encore du nombre 13 là-dedans!.. enfin, voyons... (Lisant la première qu'il vient de décacheter.) « Monsieur, par suite » de votre brouille avec monsieur Durand, nous vous prévenons, que vous » ne devez plus compter sur nous... les clercs de M. Grémery... (Après avoir lu.) Ça ne m'étonne pas... (Ouvrant la seconde.) « Monsieur, je suis trop lié » avec Adolphe, pour ne pas épouser la querelle qui a eu lieu chez vous; » ne soyez donc pas surpris, si je ne suis pas de votre dîner... Vincent, » commis au magasin du Gagne-Petit... (Ayant lu.) Cela devait être! (Ouvrant la troisième.) « Mon mari vient de tout m'apprendre : faites ôter nos trois » couverts; femme Cabuchet... (Parlant.) Trois et trois font six! Mais c'est une horreur!.. je n'ose pas ouvrir la dernière... (Rompant le cachet et lisant.) « J'avais accepté votre invitation pour moi et ma femme, parce que » Grémery et son cousin, devaient y venir; j'apprends par eux, votre » querelle avec M. Cabuchet leur ami, et comme, ils ne veulent plus être » des vôtres, je suivrai leur exemple, Picherand. (Après avoir lu.) Quatre d'un coup!.. quatre et six font dix! et Adolphe et Durand!..

OLYMPE, comptant.

Douze!

JACQUILLARD, de même.

Son frère, sa sœur... quatorze!.. quatorze de moins!

OLYMPE.

Sur dix-huit, c'est que ça ne laisse pas que de paraître!..

JACQUILLARD.

Moi, qui me promettais tant de plaisir!.. les traîtres! oh! bien sûr, c'est une conspiration... un complot tramé entre eux!.. ils me laisseront les frais sur le dos, et iront encore se moquer de moi partout... mettez-vous donc en avant pour les autres! c'est peut-être l'odieux Cabuchet qui a organisé tout cela.

OLYMPE.

Ah! vous aurez toujours, madame Honoré, et mamzelle Simonet.

JACQUILLARD.

Oui, et le père Descourty, avec ses deux chandeliers, comme ça sera amusant!

OLYMPE.

Dam! aussi, monsieur, c'est votre faute, fallait suivre mes conseils, et les faire payer d'avance, ils ne vous joueraient pas c'te farce-là, à c'te heure, allez!

JACQUILLARD.

Eh! sans doute; mais parce qu'on est confiant, faut-il donc être dupe? Les infâmes! après le mal que je me suis donné!.. Mais, Dieu merci! je suis au-dessus d'une pareille perte; et puisque j'ai tant fait, eh bien! morbleu!.. je n'en aurai pas le démenti.

OLYMPE.

Vous avez raison... qu'est-ce que vous ferez?

JACQUILLARD.

Ah! ils me plantent tous là!.. eh bien! j'aurai d'autres convives; et comme c'est moi qui régalerai, ça me fera encore bien plus d'honneur, ma foi!

OLYMPE.

C'est ça... (A part.) N'y a rien comme un ladre, quand il se met en train.

JACQUILLARD.

AIR : Allons vite, prenez le patron. (TENTATION DE SAINT-ANTOINE.)

De s'attrister ce n'est pas le cas,
Cette fois, j'en serai pour mon repas;
Mais une autre, on n' m'y rattrap'ra pas,
Car, je suis, d'être si colas,
Las!

Au poste d'en fac', tu t'en iras,
Là, tu trouveras,
Sergent, caporal, et soldats;
Tu leur conteras,
C' que tu voudras,
Tu les invit'ras,
Et tu me les amèneras!

ENSEMBLE.

De s'attrister, ce n'est pas le cas,
Cette fois j'en serai / il en s'ra pour mon repas / son repas
Mais une autre, on n' m'y / l'y rattrap' ra pas,
Car je suis / il est d'être si colas,
Las!

OLYMPE, sortant rapidement.

Soyez tranquille, je reviens à la minute.

SCENE XIV.

JACQUILLARD, seul, puis ensuite Mme HONORÉ, Mlle SIMONET.

JACQUILLARD, ôtant son bonnet et son tablier.

Ah! je suis content de moi! voilà une bonne résolution de prise; je leur prouverai, que je puis me passer d'eux; mais ça sera une leçon, et si je suis jamais d'un pique-nique!.. diable de nombre treize, va! c'est pourtant lui qui, j'en suis sûr, est cause de tout ça...

Mme HONORÉ, entrant, elle est coiffée d'un béret cerise.

Ah! me voilà, me voilà, je suis prête; et Dieu merci, il n'y aura pas que Mlle Simonet, en béret cerise...

Mlle SIMONET, entrant coiffée d'un béret bleu.

Pardon, mon cher Jacquillard, je me suis un peu fait attendre, mais je voulais mettre ce béret, et ma modiste n'en finissait pas.

Mme HONORÉ, vivement.

Un béret bleu! eh mais! mademoiselle, vous m'aviez dit, qu'il serait cerise?

Mlle SIMONET.

Oui, c'est vrai, mais j'ai réfléchi, c'est si commun!.. tout le monde en porte.

Mme HONORÉ, furieuse.

C'est un tour horrible! moi qui ai prévenu toutes ces dames.

Mlle SIMONET, éclatant de rire.

J'en étais sûre.

JACQUILLARD.

Eh mon Dieu! ne vous fâchez pas; ces dames ne viennent plus, à quoi cela vous servirait-il?

Mme HONORÉ, et Mlle SIMONET, étonnées.

Ces dames ne viennent plus!.. et ces messieurs?

JACQUILLARD.

Ces messieurs? ils m'ont joué indignement; mais, vous verrez, j'ai pris ma revanche.

Mme HONORÉ, et Mlle SIMONET.

Voilà qui est étrange!

SCÈNE XV.

LES MÊMES, OLYMPE.

OLYMPE, accourant.

AIR : Faut d' la vertu, pas trop n'en faut.

Not' maître n' vous tourmentez pas,
Nous voilà sortis d'embarras ;
D' vot' dîner, vous aurez l' débit,
Et des gens d'un fier appétit.

J'ons fameus'ment joué mon rôle,
L' sergent, accepte avec plaisir ;
Du caporal, j'ai la parole,
Tambour et soldats, tous vont v'nir.

Not' maître, etc.

Mme HONORÉ et Mlle SIMONET.

Des tambours! des soldats! ah ça! maintenant, c'est donc un repas de corps?

OLYMPE.

Et puis, dites donc, c'est pas tout ; M. Durand et M. Adolphe ne se sont pas battus.

Mme HONORÉ, vivement.

Battus! quel galimatias nous fait-elle?

JACQUILLARD, répondant à Olympe.

Vraiment ?

OLYMPE.

Eh tenez, les voilà qui viennent vous le dire eux-mêmes.

SCENE XVI.

LES MÊMES, DURAND, ADOLPHE, puis successivement M. et Mme CABUCHET, VIRGINIE, M. DESCOURTY, M. et Mme PICHERAND, DEUX COMMIS-MARCHANDS, DEUX CLERCS DE NOTAIRE, puis encore après LA SOEUR et LE BEAU-FRÈRE DE DURAND, et enfin LES GARDES NATIONAUX.

DURAND, entrant avec Adolphe.

Mon bon Jacquillard, nous sommes raccommodés... Virginie a tout avoué à son père, c'est moi qu'elle aime, c'est moi qui l'épouse!

ADOLPHE.

Nous sommes plus amis que jamais, et nous venons te faire nos excuses d'avoir pu te soupçonner.

CABUCHET, entrant avec sa femme et sa fille qui, de même que Mmes Honoré, Picherand, et la sœur de Durand, sont coiffées de bérets cerises.

Où est-il? où est-il, ce cher ami? (Il court à lui pour l'embrasser.)

JACQUILLARD, l'arrêtant.

Doucement, doucement, facétieux maçon... n'embrouillons pas les affaires.

CABUCHET, gaîment.

Ah! Jacquillard, vous m'avez volé celui-là ; mais voyons, me garderez-vous rancune, quand ma femme et ma fille, viennent vous inviter de la noce? lorsque je vous ramène avec moi, M. et Mme Picherand, que suivent aussi Germeuil, et son cousin?

ADOLPHE.

Quand nous voilà tous réunis!

DURAND.

Quand ce dîner va servir de banquet à mes fiançailles?

JACQUILLARD, se dépitant.

Ce dîner! ce dîner! il ne peut plus suffire à présent, puisque, pour vous remplacer, j'en ai invité d'autres. (Voyant entrer les gardes nationaux.) Et tenez, voyez quel renfort!

CABUCHET.

Eh bien! qu'est-ce que ça fait? (Il chante.)

Plus on est de fous, plus on est de fous, plus on rit.

TOUS.

C'est cela, bravo! et comme dit la chanson :

CHOEUR.

Francs lurons, que Bacchus attire,
Dans ces retraites qu'il chérit,
Avec nous venez boire et rire,
Plus on est de fous (bis) plus on rit.

JACQUILLARD, cherchant à se faire entendre.

Mais au lieu de dix-huit, nous allons être trente-six! et on ne pourra jamais tenir à table.

OLYMPE.

Eh ben! dites donc, not' maître, à côté y a de la place.

CABUCHET.

Approuvé. (Il chante.)

A table! à table! à table!

JACQUILLARD.

Allons, Olympe, sers-nous : au fait, on tombera sur le pâté... et puis, d'ailleurs, si les parts sont plus petites, vous ne vous plaindrez pas, ce sera votre faute.

CABUCHET.

Ne parlons plus de ça, et vive la joie, morbleu!

Mme HONORÉ, bas à un des convives.

Vous avez préparé vos chandeliers, n'est-ce pas, père Descourty?

(Celui-ci répond affirmativement.)

TOUS.

A table! à table!

CABUCHET, commandant le silence.

Un instant, n'embrouillons pas les affaires!

Air de la Fête village voisin.

De par nous, roi du pays d' la bombance,
Sur le conseil de notre gai Momus,
Vu les rapports de Comus et Bacchus,
Rendons la présente ordonnance :
Mandons, arrêtons,
Voulons, ordonnons,
Que jusqu'à ce soir, pour six francs de dépense,
Chacun mangera
Autant qu'il pourra,
Que l'on chantera,
Qu'on se grisera,
Que les plus goulus
Seront les mieux vus;
Il ne faut laisser rien de rien sur les plats,
Et s' ront à l'amend' ceux qui n' samus'ront pas.

TOUS, avec joie et confusion.

A table! à table! (Tout le monde se case. Jacquillard seul ne trouvant ni chaise ni place est forcé de rester debout et témoigne son dépit.)

JAQUILLARD.

Allons, Olympe, le pâté... attaquons le pâté.

TOUS.

Oui, oui, le pâté... la pièce de résistance.

(Le pâté est apporté, mais quel est l'étonnement général, lorsqu'après l'avoir sorti de la bouriche, et enlevé à grande peine, les papiers qui l'enveloppaient on ne trouve qu'une grosse pierre.)

TOUS.

Une pierre!..

CABUCHET.

Et de taille, encore!

LES UNS.

Quel mauvais tour!

LES AUTRES.

Quelle affreuse plaisanterie!

JACQUILLARD.

Je vous jure, mes amis, que j'ignorais moi-même...

TOUS.

C'est une horreur!

Mme HONORÉ, bas à Jacquillard.

Attendez, attendez, je vais les faire rire.

(En achevant, elle a mis le feu aux fusées cachées dans les fausses bougies des flambeaux apportés par le père Descourty. Tout le monde se lève précipitamment. Confusion générale.)

UNE VOIX.

Ciel! ma robe!

UNE AUTRE.

Dieu! mon béret!

CABUCHET, furieux.

Encore une mystification! ah! c'est trop fort!

TOUS, de même.

Oui, oui, c'est trop fort!

CHOEUR.

AIR de Wallace.

Ah! quelle impertinence!
Il nous insulte tous;
D'une pareille offense,
Mes amis, vengeons-nous;
Allons dîner chacun chez nous. (bis)

JACQUILLARD, s'élançant vers la porte.

Ah! oui, c'est là votre malice?
Je vous tiendrai tête en ce cas;
Je déjoûrai votre artifice,
D'ici, vous ne sortirez pas...

TOUS, le bousculant si bien qu'il est contraint à se réfugier sous la table.

Ah! quelle impertinence! etc. (Tous sortent.)

SCÈNE XVII.

JACQUILLARD, OLYMPE.

JACQUILLARD, jetant les hauts cris.

Au secours!.. à moi!.. Olympe! aide-moi donc à me tirer de là? m'ont-ils abîmé!.. les indignes!.. les canailles!.. partis, tous... et moi, vexé! mystifié! éreinté, meurtri.... scélérat de pique-nique, va! Projetez donc des parties à l'avance!.. donnez-vous donc bien du mal!.. soyez donc treize à table, et renversez des salières!.. ça ne pouvait pas finir autrement. Mais, c'est égal, ils seront plus attrapés que moi! Olympe, ferme la porte... nous mangerons tout... à nous deux. (Il se place à un bout de la table.)

OLYMPE, allant fermer la porte, et revenant se mettre au bout opposé.

Oui, not maître.

JACQUILLARD, réfléchissant, et comme frappé d'une pensée subite.

Qu'est-ce que je dis donc, à nous deux!... Veux-tu bien t'ôter de là....

(S'adressant au public.)

AIR : Je suis Français, mon pays avant tout.

J'allais faire une maladresse,
Moi, qui cherchais mes convives bien loin,
Excusez mon impolitesse,
Pardonnez-moi, j'en ai vraiment besoin,
Car vous voyez combien j'ai de tintoin.
Vous inviter est un peu politique,
Et cependant on l'a fait assez tôt,
L'affiche parle, elle porte un PIQU'-NIQUE,
Chacun en est, en payant son écot.
Lisez l'affiche, elle porte un PIQU'-NIQUE
Et vous avez tous payé votre écot,
Vous avez tous payé votre écot.

FIN.

www.ingramcontent.com/pod-product-compliance
Lightning Source LLC
LaVergne TN
LVHW050229180726
843501LV00013BA/3371

* 9 7 8 2 3 2 9 6 1 9 7 7 4 *